D1532845

Nathan
W

AUTOS RÁPIDOS/FAST CARS

ford
MUSTANG

ford
MUSTANG

por/by Lisa Bullard

Consultora de lectura/
Reading Consultant:
Barbara J. Fox
Reading Specialist
North Carolina State University

Consultor de contenidos/
Content Consultant:
James Elliott
Editor
Classic & Sports Car magazine

Capstone
press

Mankato, Minnesota

Blazers is published by Capstone Press,
151 Good Counsel Drive, P.O. Box 669, Mankato, Minnesota 56002.
www.capstonepress.com

Copyright © 2009 by Capstone Press, a Capstone Publishers company.
All rights reserved.
No part of this publication may be reproduced in whole or in part,
or stored in a retrieval system, or transmitted in any form or by any means, electronic,
mechanical, photocopying, recording, or otherwise, without written permission of the
publisher. For information regarding permission, write to
Capstone Press, 151 Good Counsel Drive,
P.O. Box 669, Dept. R, Mankato, Minnesota 56002.
Printed in the United States of America

Library of Congress Cataloging-in-Publication Data
Bullard, Lisa.
 [Ford Mustang. Spanish & English]
 Ford Mustang / por Lisa Bullard = Ford Mustang / by Lisa Bullard.
 p. cm. — (Blazers. Autos rápidos = Blazers. Fast cars)
 English and Spanish.
 Includes index.
 ISBN-13: 978-1-4296-2380-3 (hardcover)
 ISBN-10: 1-4296-2380-2 (hardcover)
 1. Mustang automobile — Juvenile literature. I. Title. II. Series.
TL215.M8B8518 2009
629.222'2 — dc22   2008001391

Summary: Briefly describes the history and models of the Ford Mustang —
 in both English and Spanish.

Editorial Credits
Erika L. Shores, editor; Strictly Spanish, translation services; Biner Design,
 designer; Bobbi J. Wyss, set designer; Jo Miller, photo researcher

Photo Credits
Alamy/Motoring Picture Library, 6; Transtock Inc./Guy Spangenberg, 24–25
Corbis/Bettmann, 7; Car Culture, 14
Photo by Ted Carlson/Fotodynamics, 4–5, 20–21
Ron Kimball Stock/Ron Kimball, cover, 8–9, 12 (bottom), 13 (both),
 16–17, 22–23, 26–27, 28–29
Shutterstock/Joseph Aaron, 10–11, 12 (top); Lee Morris, 15
ZUMA Press/Harvey Swartz, 18–19

Essential content terms are ***bold*** and are defined at the
bottom of the page where they first appear.

1 2 3 4 5 6 13 12 11 10 09 08

TABLE OF CONTENTS

TABLA DE CONTENIDOS

THE PONY CAR/ EL POTRO

A Ford Mustang burns rubber. Everyone stares as the cool car races down the street. Mustangs have been in the spotlight for years.

El Ford Mustang quema neumáticos. Todos miran fijo a medida que este auto genial avanza por la calle. Los Mustangs han sido el centro de atención durante años.

Early Mustangs were so popular that they started a **trend**. Other carmakers wanted to copy Ford's success. They built their own small, sporty cars. These cars became known as pony cars.

trend — a new design or the direction in which things are changing

tendencia — nuevo diseño o dirección hacia la cual cambian las cosas

1967 Chevrolet Camaro/Chevrolet Camaro 1967

Los primeros Mustangs fueron tan populares que marcaron una **_tendencia_**. Otros fabricantes de autos quisieron copiar el éxito de Ford. Fabricaron sus propios pequeños autos deportivos. A estos autos se los conoció como "potros".

1966 Ford Mustang convertible/
Ford Mustang convertible 1966

fast fact

The first Mustangs had an ornament of a running horse in the front grille.

dato rápido

Los primeros Mustangs tenían un adorno con forma de potro al galope en la parrilla delantera.

FORTY FABULOUS YEARS/CUARENTA AÑOS FABULOSOS

The first Mustangs hit the streets in April 1964. The car looked fast and fun. Many young drivers could afford to buy the inexpensive Mustang.

Los primeros Mustangs llegaron a las calles en abril de 1964. El auto tenía aspecto veloz y divertido. Muchos conductores jóvenes podían comprar el poco costoso Mustang.

Drivers soon wanted faster Mustangs with better ***performance***. Ford added bigger engines to Mustang models like the 1969 Mach 1. The Mach 1 is famous for its shaker scoop on the front hood.

En poco tiempo los conductores desearon Mustangs más veloces con mejor ***rendimiento***. Ford agregó motores más grandes a modelos de Mustang, como el Mach 1 de 1969. El Mach 1 es famoso por su toma de aire en el capó frontal.

performance — describes a car's power, handling, and ability to achieve speed

rendimiento — describe la potencia, el manejo y la capacidad de un auto para lograr velocidad

fast fact

The scoop on the Mach 1's hood shook when the engine idled.

dato rápido

La toma de aire del Mach 1 vibraba, cuando el motor estaba parado.

shaker scoop/
toma de aire

MUSTANG TIMELINE / LÍNEA DEL TIEMPO DE MUSTANG

Mustang Mach I is introduced./
Se presenta el Mustang Mach I.

1969

1964

1974

The smaller Mustang II takes over./
Toma el mando el Mustang II más pequeño.

Ford Mustang is introduced./
Se presenta el Ford Mustang.

Mustang models changed through the years. The Fox-body style appeared in 1979. It replaced the smaller Mustang II.

Los modelos de Mustang cambiaron a través de los años. El estilo de carrocería Fox apareció en 1979. Reemplazó al Mustang II más pequeño.

Ford's Mustang redesign is called the Fox-4 or SN-95./ El rediseño de Ford Mustang se denomina Fox-4 ó SN-95.

1994

1979

2007

Mustang Fox-body is introduced./ Se presenta el Mustang con carrocería Fox.

Shelby Cobra GT500 is released./Se pone a la venta el Shelby Cobra GT500.

13

fastback/fastback

shark nose/nariz
estilo tiburón

1968 Ford Mustang 428 Cobra Jet/
Ford Mustang 428 Cobra Jet 1968

Ford gave Mustang a new design
in 2005. The new Mustang shares styling
features with early Mustangs. These include
the sharklike nose and fastback roofline.

Ford le dio un nuevo diseño a Mustang en 2005. El nuevo Mustang comparte características de estilo con los primeros Mustangs. Esto incluye la nariz estilo tiburón y la línea fastback del techo.

fastback/fastback

shark nose/nariz estilo tiburón

MUSTANG

2005 Ford Mustang/Ford Mustang 2005

fast fact

A new design in 1994 brought back Mustang's galloping pony symbol to the front grille.

dato rápido

En 1994, un nuevo diseño trajo de regreso el símbolo del potro al galope de Mustang, en la parrilla delantera.

chapter 3

SHELBY MUSTANGS/ SHELBY MUSTANGS

Mustangs weren't speed kings until Shelby Mustangs came along. Former race car driver Carroll Shelby designed these Mustangs from 1965 to 1970.

Los Mustangs no eran los reyes de la velocidad hasta que llegaron los Shelby Mustangs. El ex piloto de carreras Carroll Shelby diseñó estos Mustangs desde 1965 hasta 1970.

1967 Shelby Mustang GT500/
Shelby Mustang GT500 1967

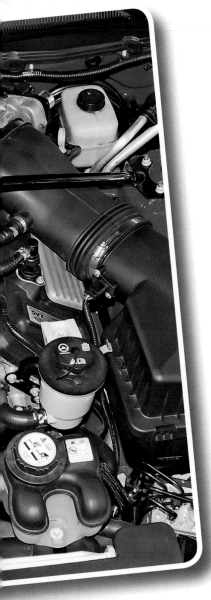

Today, Ford is working with Shelby again. The 2007 Ford Shelby Cobra GT500 is the most powerful production Mustang ever built. Its supercharged V8 engine produces 500 *horsepower*.

Hoy, Ford está trabajando con Shelby nuevamente. El Ford Shelby Cobra GT500 de 2007 es el Mustang de producción más poderoso que se ha fabricado. Su motor V8 super cargado produce 500 *caballos de fuerza*.

---

horsepower — a unit for measuring an engine's power

---

caballo de fuerza — unidad para medir la potencia del motor

THE MUSTANG LOOK/ EL ASPECTO MUSTANG

deck/ cubierta trasera

Mustangs are known for certain design features. One of the most famous features is the long front hood combined with a short rear **deck**.

A los Mustangs se los conoce por ciertas características de diseño. Una de las más famosas es el capó frontal largo, combinado con una **cubierta trasera** corta.

hood/
capó

deck — the area of a car between the cockpit and the back bumper

cubierta trasera — área de un auto desde la cabina del conductor hasta el parachoques trasero

From behind, drivers notice
another Mustang feature. They
can see the Mustang's famous
three-part taillights.

Desde atrás, los conductores
notan otra característica de
Mustang. Se pueden ver
los famosos faros traseros de
Mustang divididos en tres partes.

Ford has always offered buyers different models of the Mustang. One very popular choice is the **_convertible_** body style.

Ford siempre les ha ofrecido a los compradores diferentes modelos de Mustangs. Una opción muy popular es el estilo de carrocería **_convertible_**.

convertible — a car with a top that can be lowered or removed

convertible — auto con capota que se puede bajar o quitar

MUSTANG DIAGRAM/ DIAGRAMA DE MUSTANG

high-intensity headlamp/faro delantero de alta densidad

hood/ capó

grille/ parrilla

bumper/ parachoques

spoiler/
alerón

deck/
cubierta
trasera

alloy wheel/
rueda de aleación

MUSTANG GALLOPS AHEAD/ MUSTANG CONTINÚA AL GALOPE

Ford plans to introduce a new Mustang design every year. Fans can't wait to see if a new Mustang can top the Mustangs of the past.

Ford planea presentar un nuevo diseño de Mustang por año. Los fanáticos están impacientes por saber si un nuevo Mustang logrará superar a los Mustangs del pasado.

2007 Shelby Cobra GT500 (left) and
1966 Ford Shelby GT350 (right),
Shelby Cobra GT500 2007 (izquierda) y
Ford Shelby GT350 1966 (derecha)

GLOSSARY

convertible — a car with a top that can be lowered or removed

deck — the area of a car between the cockpit and the back bumper

grille — an opening, usually covered by grillwork, for allowing air to cool the engine of a car

horsepower — a unit for measuring an engine's power

model — the new design of a car that comes out each year

performance —describes a car's power, handling, and ability to achieve speed

production — describes a vehicle produced for mass-market sale

trend — a new design or the direction in which things are changing

INTERNET SITES

FactHound offers a safe, fun way to find Internet sites related to this book. All of the sites on FactHound have been researched by our staff.

Here's how:
1. Visit *www.facthound.com*
2. Choose your grade level.
3. Type in this book ID **1429623802** for age-appropriate sites. You may also browse subjects by clicking on letters, or by clicking on pictures and words.
4. Click on the **Fetch It** button.

FactHound will fetch the best sites for you!

GLOSARIO

el caballo de fuerza — unidad para medir la potencia del motor

el convertible — auto con capota que se puede bajar o quitar

la cubierta trasera — área de un auto entre la cabina del conductor y el parachoques trasero

el modelo — nuevo diseño de un auto que sale cada año

la parrilla — abertura, por lo general cubierta con una rejilla, para permitir que el aire enfríe el motor del auto

la producción — describe a un vehículo fabricado para la venta en el mercado masivo

el rendimiento — describe la potencia, el manejo y la capacidad de un auto para lograr velocidad

la tendencia — un nuevo diseño o la dirección hacia la cual cambian las cosas

SITIOS DE INTERNET

FactHound te brinda una manera divertida y segura de encontrar sitios de Internet relacionados con este libro. Hemos investigado todos los sitios de FactHound. Es posible que algunos sitios no estén en español.

Se hace así:
1. Visita *www.facthound.com*
2. Elige tu grado escolar.
3. Introduce este código especial **1429623802** para ver sitios apropiados a tu edad, o usa una palabra relacionada con este libro para hacer una búsqueda general.
4. Haz un clic en el botón **Fetch It**.

¡FactHound buscará los mejores sitios para ti!

INDEX

ÍNDICE